SMELLS LIKE GREEN SPIRIT

SIDE A

Saburo Nagai

Índice

¡ATENCIÓN!
ESTÁS EN LA ÚLTIMA PÁGINA DEL LIBRO

Este manga se publica en su sentido de lectura original. Si no quieres empezar por el final, tienes que darle la vuelta al libro y comenzar a leer siguiendo las viñetas y los diálogos de derecha a izquierda, tal y como se muestra en el siguiente esquema:

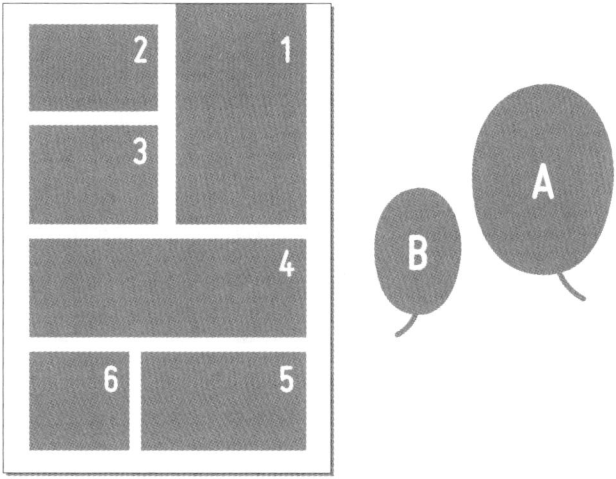

Sabemos que, si es la primera vez que te encuentras ante un libro publicado en sentido oriental, este pequeño reto intelectual puede parecer algo intimidante. Pero no hay nada que temer. Prueba a leer y te aseguramos que a la tercera página estarás disfrutando sin esfuerzo y de la forma más auténtica de este cómic japonés.

¡Buena lectura!

En la misma clase de Asumiko Nakamura

Una obra única que combina elementos del BL clásico con una extraordinaria narración gráfica y una delicada y elaborada estética.

Sajô y Kusakabe son más o menos igual de altos, tienen la misma edad y van a la misma clase. Por lo demás, no puede decirse que tengan mucho en común. Kusakabe, de carácter inquieto y despreocupado, toca en un grupo de rock con sus amigos y deja pasar los días sin pensar mucho en el futuro. Sajô, en cambio, es un alumno modélico que no termina de encajar en ese instituto de macarras, al que nadie sabe muy bien cómo fue a parar. Un día, Kusakabe se da cuenta de que su compañero no canta en los ensayos del coro para intentar disimular su falta de oído musical, así que se ofrece a darle unas lecciones. Entre refrescos compartidos bajo el sol de verano, nace entre ellos un amor de adolescencia que crecerá con el devenir de las estaciones. De la mano, compartiendo sinsabores y alegrías, ambos se encaminarán hacia el final de sus días de instituto y el comienzo de la vida adulta.

✣ Serie cerrada de 3 tomos ✣

Sombras sobre Shimanami de Yuhki Kamatani

Un título que retrata con belleza y realismo la vida de un grupo de personas LGBT+ en el Japón actual.

Tasuku acaba de mudarse a Onomichi, una pintoresca ciudad cercana a Hiroshima. Todo va bien hasta que sus compañeros de clase descubren porno gay en su móvil y empiezan a burlarse de él. Desesperado, decide suicidarse antes de que el acoso le haga la vida imposible. Sin embargo, justo cuando se dispone a arrojarse desde una colina, contempla cómo una misteriosa mujer salta y desaparece antes de sumirse en el precipicio. El rastro de aquella presencia fantasmal, que responde al nombre de Nadie, lo conduce a un particular local llamado El Consultorio. Allí conocerá a Haruko Daichi, una joven lesbiana que se ha trasladado a Onomichi para vivir con su pareja, además de otros personajes con los que Tasuku intuye que tiene algo en común. Ellos, junto con la enigmática Nadie, le harán plantearse si no es preferible vivir desafiando los estándares a aceptar una muerte en vida.

❖ Serie cerrada de 4 tomos ❖

Smells like green spirit, side A

SMELLS LIKE GREEN SPIRIT SIDE: A

Original Japanese edition published by Fusion Product Inc., Tokyo.
Spanish translation published by arrangement with Fusion Product Inc. through The English Agency (Japan) Ltd.

C. del Mar 7, 1-E
43840 Salou, Tarragona
www.tomodomo.es
info@tomodomo.es

Traducción: Ana María Caro
Edición: Alina Shchasnovich Mironova
Maquetación: Nerea Gómez
Diseño gráfico: Laura G. Gras

Depósito legal: T-799-2019
ISBN: 978-84-16188-79-6

Impresión: INO Reproducciones
Polígono Malpica. Calle E, 32-39 (Inbisa II, nave 35)
50016 Zaragoza
Impreso en España - Printed in Spain

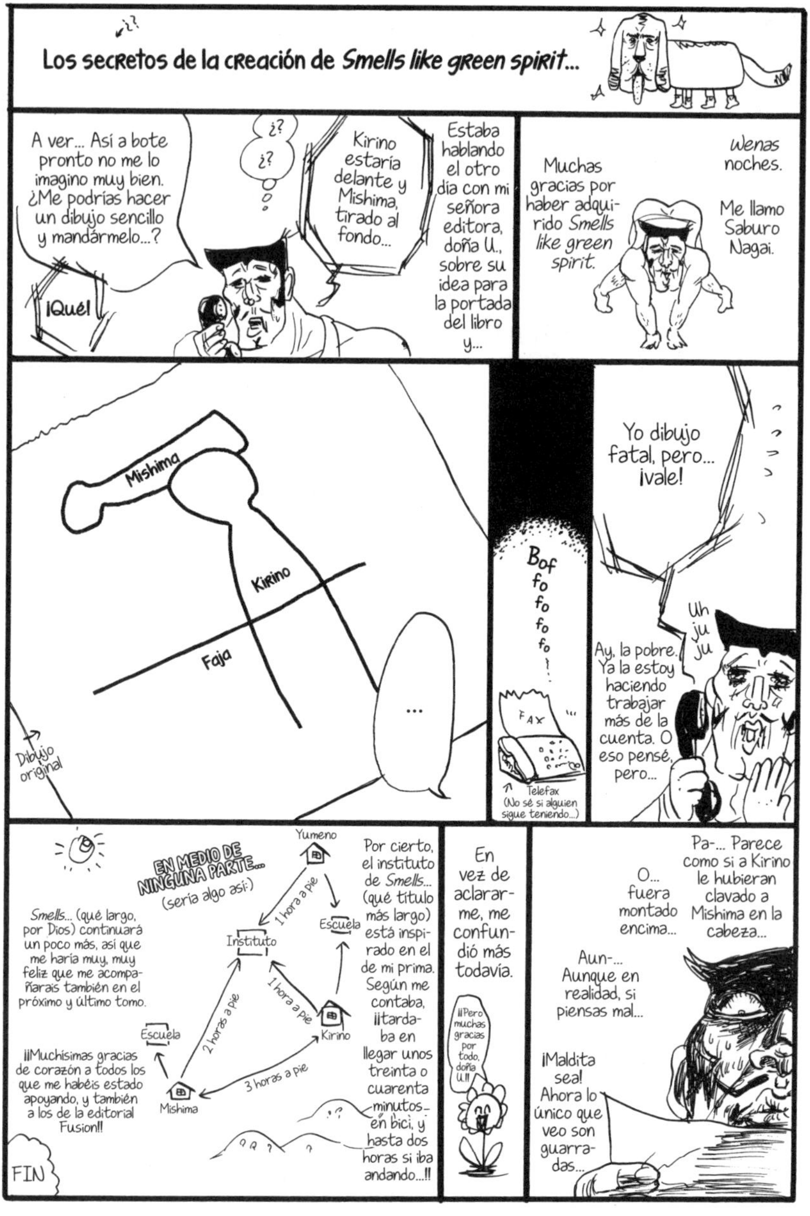
¿¿?
Los secretos de la creación de *Smells like green spirit*...
Wenas noches.
Me llamo Saburo Nagai.
Muchas gracias por haber adquirido *Smells like green spirit*.
Estaba hablando el otro día con mi señora editora, doña U., sobre su idea para la portada del libro y...
Kirino estaría delante y Mishima, tirado al fondo...
¿? ¿?
A ver... Así a bote pronto no me lo imagino muy bien. ¿Me podrías hacer un dibujo sencillo y mandármelo...?
¡Qué!
Yo dibujo fatal, pero... ¡vale!
Uh ju ju
Ay, la pobre. Ya la estoy haciendo trabajar más de la cuenta. O eso pensé, pero...
Bof fo fo fo fo...
FAX
Telefax (No sé si alguien sigue teniendo...)
Mishima
Kirino
Faja
...
Dibujo original
Pa-... Parece como si a Kirino le hubieran clavado a Mishima en la cabeza...
O... fuera montado encima...
Aun-... Aunque en realidad, si piensas mal...
¡Maldita sea! Ahora lo único que veo son guarradas...
En vez de aclararme, me confundió más todavía.
¡¡Pero muchas gracias por todo, doña U.!!
Por cierto, el instituto de *Smells*... (qué título más largo) está inspirado en el de mi prima. Según me contaba, ¡¡tardaba en llegar unos treinta o cuarenta minutos en bici, y hasta dos horas si iba andando...!!
EN MEDIO DE NINGUNA PARTE...
(sería algo así:)
Yumeno
1 hora a pie
Escuela
Instituto
1 hora a pie
Kirino
2 horas a pie
3 horas a pie
Escuela
Mishima
Smells... (qué largo, por Dios) continuará un poco más, así que me haría muy, muy feliz que me acompañarais también en el próximo y último tomo.
¡¡Muchísimas gracias de corazón a todos los que me habéis estado apoyando, y también a los de la editorial Fusion!!
FIN

BRO
BRO-
ÑIC
CONTINÚA
EN LA CARA B

¡CON PERMISO!
¿¡¡ESTÁ EL PROFESOR YANAGIDA!!?
PLAF
¡SILENCIO! ¡¡QUE ESTO ES LA SALA DE PROFESORES!!
EL PROFESOR YANAGIDA NO ESTÁ. HOY SE HA MARCHADO UN POCO ANTES.

¿QUÉ PASA? ¿A MISHIMA SE LE HA PINCHADO UNA RUEDA?
MENUDO PARDILLO ESTÁ HECHO. NO ME EXTRAÑA, CON LO PAVO QUE ES.
¡¡QUÉ PATÉTICO!! ¡ANDANDO, TARDARÁ POR LO MENOS DOS HORAS EN LLEGAR A SU CASA!
¿... EH?
AHORA QUE CAIGO... EN EL RECREO, VI A YANAGIDA...
... EN EL... APARCAMIENTO...
¡EH!
¡¡AH, A MÍ NO ME MIRES!! ¡¡¡YO NO TENGO NADA QUE VER!!!
OYE...
ME SALIÓ CON NO SÉ QUÉ LECHES DE UN GATO...
... AUNQUE... NO HABÍA RASTRO DE NINGÚN GATO...

¡NO FASTIDIES!
EH..., ¿QUÉ HA PASADO!?
¿PERO CUÁNDO? ¿¡ESTA MAÑANA!?
UF
...
JOBAR...
Top top
CLANG CLONG
¡UY, UY, UY! ¿QUÉ PASA, MISHIMA? ¿TE HAS COMIDO UN PINCHAZO? ¡¡PANOLIII!!
JUA JA JA JA JA JA
¡¡YUMENO!! ¡¡ESTAMOS JUGANDO UN PARTIDO!!
CLONG CLONG
...
¡TEN CUIDADO DE CAMINO A CASA!

... POR ESO NO CREO... QUE SE ATREVA A FORZAR A UN ALUMNO.
PERO MÁS TE VALE IR CON PIES DE PLOMO.
...
¡DESDE LUEGO, ESTO TE PASA POR SER TAN CORTITA, CARIÑO! ¡¡A VER SI ESPABILAS DE UNA VEZ!!
...
¡POR LO PRONTO, PROCURA NO HACER NADA EN CLASE PARA QUE TE CASTIGUE! ¿¡VALE!?
POBRE, TUVO QUE SER HO-RROROSO.

HUM, HUM, HMMM...
HUM... ♪
... AUNQUE BUENO, TEN EN CUENTA QUE ES DOCENTE...,

¡VAYA! PROFESOR YANAGIDA.
¿QUÉ PASA, ESTÁ CONTENTO POR ALGO?
¿ES USTED QUIEN TARAREA?
UY, ¿ME HAS OÍDO?
SÍ, ALGO HAY.
ESO ES QUE SE HA ECHADO NOVIA.
¿EEH? ¡NO PUEDE SER!
SAWADA, DATE YA POR VENCIDA.
¡Ni hablar!
♪
HMM ♬
HUM,
HMM ♪

SENTÍ QUE SE PARECÍA A LO QUE HAY EN LOS NUESTROS.
O MÁS BIEN: LO QUE SE ESCONDE EN EL FONDO.
LO OCULTA BAJO ESA SONRISA TAN FALSA, ASÍ QUE A CIENCIA CIERTA NO SABÍA DISTINGUIR-LO, SIN EMBARGO...
... SUS OJOS.
SÍ, ES PARECIDO, PERO...
... PERO MÁS...

¿?
¿QUÉ HACES TÚ AQUÍ?
AH. VI UN GATITO ANDAR MEDIO PERDIDO. PERO SE HA IDO.
¿UN GATITO...?
HUM...
AH, ¡OYE, YANAGIDA! ¿TE APUNTAS A JUGAR AL BALÓN PRISIONERO?
¡BUSCAOS A OTRO! ALGUIEN TENDRÁ QUE CORREGIR EL EXAMEN QUE OS ACABO DE HACER, DIGO YO.
¡VENGA, YANAGIDA, ENRÓLLATE Y ME SUBES UN PAR DE DÉCIMAS!
NO SEÁIS BOBOS.
VAMOS A VER, ¡AL BALÓN PRISIONERO, NO! ¡¡VAMOS A JUGAR AL BALONCESTO!!
... PERO LO ES DE UN MODO MUY RETORCIDO.

YUMENO, ¡VAMOS A JUGAR AL BALÓN PRISIONERO! ¡¡APÚNTATE TÍO!! ¡¡OEEE!!
OE
OE
¿QUÉ? ANDA YA. MEJOR VAMOS A JUGAR AL BALONCES-...
Yanagida...
Ji

¿¡QUÉ DICES, POR DIOS!? ES ASQUEROSO.
¿CÓMO QUE SE LE PUSO DURA MIEN-TRAS TE DABA EN EL POMPIS...? ES EL COLMO...
AY..., ¡CALLA! ¡NO LO REPITAS MÁS...!
A-AHORA SÍ QUE LO TENGO CLARO.
ERA TAL Y COMO PENSABA...
YANAGIDA TAMBIÉN ES GAY.

...
¿CÓMO QUE QUÉ?
LO... LO NORMAL.
ME ME... CASTIGÓ.
A-ADE-MÁS...
A TI...
¿A TI QUÉ NARICES...
... TE IM-PORTA?
¡¡A MÍ NO ME IMPORTA UNA MIERDA!! ¿¡¡POR QUÉ CO-JONES ME IBA A IMPOR-TAR!!?
¿¡TE CREES QUE ME PREOCUPO POR TI, MARICASHIMA!? ¿¡ESTÁS TONTO O QUÉ!? ¡¡VETE A LA MIERDA!!

¡QUÉ DESFACHATEZ! ¡NI SIQUIERA NOS DAN LOS BUENOS DÍAS! ¡¡NOS TOMAN POR EL PITO DEL SERENO!!
MÍRALO, ¿¡CÓMO SE ATREVE A VENIR CON ESAS PINTAS, QUE PARECE UNA NENA!? Y ESO QUE SE CORTÓ EL PELO, ¡¡PERO SIGUE EN SUS TRECE!!
MISHIMA.
OYE, ¿QUÉ TE HIZO AYER YANAGIDA?
CHOF

...
Je, je...
... N-... NO. NO ES NADA...
¡¡A ver si te cortas esos pelos!!
Y ese uniforme, ponte la camisa en condiciones... ¡Impresentable!
Que sí.
¿¡Me replicas, encima!? ¡¡Serás maleducado!!
BUENAS, MISHIMA.
...
... BUE- ...
...

Los que llegaron tarde ayer.
¡Buenos días!
¡Buenos días!
¡Buenas!
BUENAS, YUMENO.
...
OYE, YANAGIDA, AYER TÚ...
¡¡YUMENO!! ¿¡¡QUÉ NARICES TE PASA!!? ¡¡DA LOS BUENOS DÍAS!! ¡¡Y NO TUTEES A LOS PROFESORES!!
¿UM?

CAPÍTULO 8
MÁSCARA

¡¡OYEEE, MISHIMAAA!! ¿¡TE HA GUSTADO EL "TRASTRÁS"!?
JIA JIA
¡¡YUMENO, VALE YA!! ¡¡QUE ESTAMOS ENTRENANDO!!
YUMEN-... ME TIENES HASTA LOS...
¡¡EY!! ¿DE QUÉ VAS? ¡NO ME IGNORES, TÍO...!

ARF
PLAS
ARF
96.
97.
PLAS
ARF
ARF
ARF
ARF
98.
PLAS
99.
PLAS
100...
ii... UUGH...!!
PLAS
OH.

A-AUN-QUE... LO PEOR...
PLAS
93.
... ES QUE SU...
SU ENTRE-PIERNA...
PLAS
94.
PRO-...
95.
PLAS
PROFE-SO-...
ARF
ARF
ARF
ARF
ARF

OYE,
¿CÓMO ES QUE AHORA ERES TAN AMIGO DE MISHIMA?
TAMPOCO SOMOS TAN AMIGOS, TÍO.
¡JE!
¿NO SERÁ QUE TE HACE TILÍN?
A TI SÍ QUE TE HACE TOLÓN.
¡¡¡..........!!!
E-... E- E- E- E-
¡¡¡ESO ES MENTIRA, IMBÉCIL!!!
¡¡¡YUMENO!!! ¡¡¡SILENCIO DE UNA VEZ!!!
PLAS
92.
AUCH...

...
パーン
PLAS

PON EL CULETE.
EN... ¿EN SERIO ME VA A DAR... CIEN CA-CHETES...?
ESO DIJE, ¿NO? ¿QUÉ PASA? AH, ¡CREÍAS QUE ERA BROMA!
APOYA AQUÍ LOS BRAZOS.

TEN MUCHO CUIDADO.
¿EH?
SI OCURRIERA CUALQUIER COSA...
¡¡¡KIRI-NOOO!!!
¿¡¡QUÉ PASA, NO SABÉIS DESPEDIROS O QUÉ, PAR DE MARICONES!!? ¡¡VENGA, RAPIDITO, QUE TENEMOS QUE IRNOS *PAL* FÚTBOL!!
No grites tanto, que no estoy sordo
PLASC
Ay, ¡duele!

VENGA, SEGUIMOS CON LA CLASE.
BLA BLA
...
¡Adiosito!
¡MISHIMA!
KIRINO, ¿QUÉ PASA?
OYE..., ¿VAS A IR AL DEPARTAMENTO?
SÍ, NO SE ME OCURRE CÓMO ESCAQUEARME...

¡¡MISHIMAAA!!
¡TE DIJE QUE LA PRÓXIMA VEZ QUE TE PILLARA EN LAS NUBES, TE IBA A CASTIGAR!
LO SIENTO...
¡HALAAA! ¡PROFE, PROFE! ¿¡Y CÓMO ES EL CASTIGO!?
CIEN CACHETES EN EL CULETE.
¡UGH! ¡PROFE, ERES LO PEOR! ¡LOS CACHETES SON PARA LOS CRÍOS!
DEMASIADO TARDE: ¡¡CASTIGADO!! ¡¡TE ESPERO EN EL DEPARTAMENTO DE SOCIALES DESPUÉS DE CLASE!!
¡QUÉ VA! ¡AL MUY MARIQUITA LE ENCANTARÁ QUE LE DEN "TRASTRÁS" EN EL POMPIS!
JUAS
¡¡SILENCIO, YUMENO!!

ME GUSTARÍA ESTAR CON MI MADRE Y SERVIRLE DE APOYO TODA LA VIDA.
... COMO ES NORMAL.
CASARME Y TENER HIJOS, COMO HARÍA CUALQUIERA.
AUMENTAR LA FAMILIA...

ME PASA LO MISMO.
MI PADRE MURIÓ EL MISMO AÑO EN QUE NACÍ...
Y, A PARTIR DE AHÍ, MAMÁ TUVO QUE CRIARME ELLA SOLA.
ERA HUÉRFANA,
DE MODO QUE SOLO LA TENGO A ELLA, Y ELLA A MÍ.
JE...,
ES LA PRIMERA VEZ QUE LE CUENTO ESTO A ALGUIEN.

¿Y NO HA PENSADO EN DIVORCIARSE?
QUÉ VA, CARIÑO, NO LO HARÁ. MI MADRE ES DE ESAS A LAS QUE LES PREOCUPAN MUCHO LAS APARIENCIAS.
LAS APARIENCIAS...
SÍ.
POR ESO...
YO YA...
ME HE DADO POR VENCIDA.
PORQUE LA QUIERO.
Y LO ÚLTIMO QUE DESEARÍA ES HACERLA SUFRIR MÁS.

... LO ODIO.
TENER UN HIJO ERA LO QUE ELLA MÁS DESEABA EN EL MUNDO, PERO A ÉL SE LA TRAÍA FLOJA.
ESTABA HASTA EL GORRO DE LOS TRATAMIENTOS DE FERTILIDAD,
Y EN CUANTO SE QUEDÓ EMBARAZADA DE MÍ, SE LAVÓ LAS MANOS Y HUYÓ CON SU AMANTE.
TODAVÍA SIGUE CON LA MISMA.
ASÍ ES EL INDIVIDUO.
¿Y ESO...
QUIÉN TE LO HA...
ME LO HA CONTADO MI MADRE.

FUI UN BEBÉ QUE SE HIZO MUCHO DE ROGAR.
Y, CLARO, NO TUVE HERMANOS.
ASÍ QUE LO QUE SIENTE MI MADRE POR MÍ, BUENO...,
... CASI QUE DUELE...
PORQUE TE QUERRÁ MUCHO.
¿EH?
...
... CLARO...
... SERÁ ESO...
YO A MI MADRE SÍ QUE LA QUIERO MUCHÍSIMO.
PERO A MI PADRE...

Pescado desmenuzado teñido de rosa
Alga nori
LABE
Guisantes
Sardina seca
MI MADRE SALE MUY TEMPRANO, PERO AUN ASÍ SE EMPEÑA EN DEJÁRMELA PREPARADA.
Y ESO QUE LE HE DICHO MIL VECES QUE ME LAS PODRÍA HACER YO...
Ah... Me ha puesto el acompañamiento debajo del arroz...
HUM... OYE, ESO DE "LABE"... SE SUPONE QUE ES "LOVE", ¿NO?
...
TU MADRE ES JOVEN, ¿VERDAD?
PUES TIENE... 33, CREO.
¡UY! NO ME DIGAS.
LA MÍA TIENE YA MÁS DE CINCUENTA.
A VER CÓMO TE DIGO ESTO, NENA. TUS FIAMBRERAS SON MUY... PECULIARES.

CAPÍTULO 7
LA LUJURIA ACECHA

¡LO SIENTO, *BABY*! SALÍ A HACER LA COMPRA Y SE ME HA HECHO UN POCO TARDE.
Muac
HO-LAAA.
AH, ¿ME HAS HECHO LA CENA!?
¡¡MIL GRACIAS, MI VIDA!!
Cuando empecé a tener uso de razón, mi madre me contó algunas cosas:
DIOS, ¡ESTO ESTÁ QUE TE CAGAS!
Que había crecido en un orfanato.
Que conoció a mi padre cuando tenía quince años.
Que a los veinte me tuvo a mí.
Y que aquel mismo año, papá murió en un accidente.
YO SIGO ENAMORADA DE TU PADRE, ¿SABES?
NO CREO QUE VAYA A AMAR A OTRO HOMBRE.
Y TÚ ERES EL TESORO QUE ÉL ME DEJÓ.
Por eso, seré yo quien cuide de ella.
Ahora y siempre.

LA... ¿LA MISHIMA?
¿¡A QUIÉN LLAMAS VIEJA!? ¡¡COMO SI TÚ NO LO FUERAS!!
¡¡YO SOY MUCHO MÁS JOVEN QUE TÚ!! Y, EN CUALQUIER CASO, LO QUE DIGÁIS DE MÍ ME LA SUDA, PANDA DE MARUJAS. ¡¡PERO A MI HIJO LO DEJÁIS EN PAZ!!
ADEMÁS, ¿QUÉ HE HECHO YO PARA QUE ME PONGÁIS DE LAGARTA?
¡TODO SON CHISMES QUE OS HABÉIS INVENTADO VOSOTRAS!
PODRÍAS HACERLE UN POQUITO MÁS DE CASO A TU MARIDO, EN VEZ DE PASARTE EL DÍA AQUÍ HABLANDO DE CHORRADAS.
ÑUGGG...
¡HOLAAA!

③

¿HABÉIS VISTO A FUTOSHI, EL DE LA MISHIMA?
¡¡VAYA SI LO HE VISTO!! CUALQUIERA LO CONFUNDIRÍA CON UNA MUCHACHA.
A MI GORDI SE LE OCURRIÓ DECIRME QUE ERA CIEN MIL VECES MÁS GUAPA QUE YO.
BUENO, PERO ES QUE...
¿PER-DONA?
UY, ¿TU MARIDO NO BEBÍA LOS VIENTOS POR ELLA CUANDO ERA JOVEN? A PESAR DE QUE SIEMPRE LE DABA LARGAS.
¡Y TANTO! POR ESO LE CONTESTÉ QUE, SI DESPUÉS DE LA MADRE PENSABA IR A POR EL HIJO...
ANDA YA. POR MUCHO QUE LE GUSTARA LA MADRE, NO VA A TIRARLE LOS TEJOS A UN CHIQUILLO, ¿NO?
¡VETE TÚ A SABER! PORQUE ESE FUTOSHI TIENE LA MISMA PINTA DE LAGARTA QUE TENÍA LA MADRE.
VA PROVO-CANDO, SÍ.
Y SIN PADRE, VETE TÚ A SABER CÓMO HA SALIDO EL NIÑO...
¡AH!
¡¡OYE TÚ, VIEJA PELLEJA!! ¿¡¡QUÉ HAS DICHO DE MI FUTOSHI!!?
¡CÓMO!

* Pareja de pícaros viajeros creados por el escritor Ikku Jippensha a principios del siglo XIX. Puede que Mishima se refiera a la adaptación reciente en clave homosexual de sus aventuras, *Mayonaka no Yaji-san to Kita-san*.

DEBERÍAMOS EMPRENDER UN VIAJE HACIA ALLÍ.
¡JUA, JA, JA, JA! ¿COMO YAJI Y KITA?*
Y, PARA CUANDO VOLVIERAN, YAJI Y KITA SERÍAN UN PAR DE ESTUPENDAS SEÑORAS.
¿QUÉ TE PARECE?
...
¡SÍ, ESO! ¡PERO, EN VEZ DE ISE, IRÍAMOS A TAILANDIA!
SÉ QUE NO ME INTERESAN LAS CHICAS, SOY 100% GAY, Y ADEMÁS ME GUSTA TRAVESTIRME,
PERO CON LO DE SER MUJER... NO SÉ SI ME IDENTIFICO.
YA...
INCLUSO CUANDO ESTÁS AQUÍ, A VECES USAS EL MASCULINO.
ES QUE TODAVÍA... NO LO TENGO MUY CLARO.
OJALÁ LLEGARA EL DÍA EN QUE PUDIERA DECIR CON TODA LA NATURALIDAD DEL MUNDO QUIÉN SOY.
PERO ES UN SUEÑO.

POR ALLÍ.
¿?
POR ALLÍ, ¿QUÉ?
ESTÁ EL PAÍS DE JAUJA.
¿LO QUÉ?
¿¿??
AUNQUE SÓLO SALE EN LOS LIBROS.
UN PAÍS EN EL QUE PODRÍAMOS SER LO QUE QUISIÉRAMOS.
AH, ¿TAILANDIA?
SÍ, TAILANDIA.

MAMÁ.
... AH, MAKOTO.
HOLA, HIJO.
BUENAS TARDES. AH, NO HACE FALTA. NO TE LEVANTES.
¿CÓMO ESTÁS?
¿HAS ECHADO LA LLAVE DE LA ENTRADA?
¿QUÉ? PERO...
SÍ, LO SÉ, HOY TAMPOCO VENDRÁ.
¿CUÁNDO SE DIGNARÁ A...?
MAKOTO,
NI SE TE OCURRA TERMINAR COMO ESE HOMBRE.
ZAF

②

BUENAS TARDES, MAKOTO. BIENVENIDO.
BUENAS, FUMI. ¿Y MI MADRE?
PUES VERÁ, DEBE DE ANDAR CON FIEBRE,
PORQUE HOY SE HA DEJADO LA MITAD DE LA COMIDA EN EL PLATO.
... YA.
CON SU PERMISO, YO ME VOY YA A CASA. LE HE DEJADO LA CENA HECHA EN LA COCINA, ASÍ QUE CÓMASELA AHORA SI QUIERE.
MUCHAS GRACIAS, FUMI.
SÍ. GRACIAS.

¡BUEN TRABAJO, TARÔ, CARIÑO! ¡VENGA, LEVANTA, QUE DE CENA TENEMOS LAS COSTILLITAS QUE TANTO TE GUSTAN!
TACHÁN
...
WOOOOW!! ¡¡NADIE HACE COSTILLITAS *COMOU* MI *TOSHIKOU*!! OH, *YEAH*!! ¡¡¡*TAROU*!!! ¡¡A COMER!!
DELICIOUS!
¡¡ERES LA ESPOSA JAPONESA PERFECTA!! ¡¡*TOSHIKOU*, TE *QUIEROU*!!
Muac muac
Vaya por Dios.
LAS COSTILLAS NO SON GASTRONOMÍA JAPONESA, PADRE DE MIERDA.
¿¡¡PADRE DE MIERDA!!?
OH MY GOD!
¡¡*FUCKING* HIJO DE MIERDA!!
Katana decorativa
¡CASTIGOU DIVINOU!
TAP
Desde luego... Dejad los juegos para después de la cena.
DALE DALE
ZAF

①

¡¡TARO!!
¡TAROU!!
¿¡QUÉ MIERDA QUIERES, PAPÁ!? ¡PODRÍAS DECIRME "HOLA", ANTES QUE NADA!
Tarô
¡¡EN *CUANTOU* TE PASES POR CASA, TE *QUIEROU* VER AQUÍ!! ¡¡¡*AYÚDANOUS* A DESBROZAR!!!
¡¡GH!
¡NO ME JODAS, QUE VENGO DEL FÚTBOL Y ESTOY HECHO POLVO! ADEMÁS, JIRÔ Y SABURÔ YA ESTÁN AHÍ ECHÁNDOTE UNA MANO, ¡A MÍ DÉJAME EN PAZ!
¡¡¡*COMOU NOU* VENGAS, TE DOY 100 AZOTES EN EL *CULOU*!!!
Saburô
¡¡Tate, no te escaquees!!
Jirô
鬼畜
BRUTO

¡M-MARICONES! ¡ESO ES LO QUE SOIS! ¡¡MISHIMA Y KIRINO SON UN PAR DE MARICOOONES!!
¡¡Maricones!!
¡¡Maricones!!
¡Mishima y Kirino están liados!
¡¡TOMA, TOMAAA!! ¿¡¡Y AHORA QUÉ!!?
JU..., ¡¡JU, JU...!!
...
CLANC
¡SI ES QUE EN EL FONDO LO SABÍA!
... LO SABÍA...
ESTE YUMENO... ES COMO UN LIBRO ABIERTO. EXPRESA JUSTO LO CONTRARIO DE LO QUE SIENTE....
AH, ¿¡OTRA VEZ CON LO MISMO!? DÉJALO YA. ¡ME PONE LOS PELOS DE PUNTA!
CON LO GUAPITO QUE ES CUANDO SE CALLA... NOS HARÍA UN FAVOR SI NO VOLVIERA A ABRIR ESA BOCAZA.
El interior estropea la fachada.
AHÍ TE DOY LA RAZÓN,
TIENE LOS OJOS Y EL PELO DE UN COLOR PRECIOSO.

SUSPIRAS.
Y ESTÁS FRUNCIENDO EL CEÑO.
UH...
NO ME EXTRAÑA...
EH...
¡VAYA, VAYA!
¿QUÉ PASA AQUÍ? ¿OS HABÉIS HECHO AMIGUITOS? ¿Y-Y ESOOO?
JA... JA, JA...

¡¡CK!!
¡¡MISHIMA!!
¡DEJA DE DISTRAERTE CON LA VENTANA MIENTRAS DOY CLASE!
SIEMPRE ESTÁS EN LAS NUBES.
LO SIENTO.
Sigue en las nubes.
LA PRÓXIMA VEZ, TE VOY A TENER QUE CASTIGAR.
Di ng Do ng Da ng
Uf...
Splash splash

A decir verdad,
aquello me había dejado hecho polvo.
Igual que a Kirino.
LO MÍO NO TIENE ARREGLO.
Un cadáver,
dos cadáveres...

OYE, CHURRI.
¿QUÉ-EE?
¿QUIÉN ES ESA QUE VA POR AHÍ?
¿EHHH? PUES EL NIÑO DE LA MISHIMA, ¡QUIÉN VA A SER!
¡QUÉ ME DICES! ¡¿ESE ES FUTOSHI!? ¡Y YO, QUE PENSÉ QUE ERA UNA MUCHACHA...!
MIRA QUE ERES TONTO. ¿NO VES QUE LLEVA UNIFORME DE CHICO? QUÉ PASA, ¿TANTO HACÍA QUE NO VEÍAS A FUTOSHI?
NO LO VEÍA DESDE QUE ERA UN MICO.
JESÚS..., SI ME HA PARECIDO HASTA MÁS MONO QUE LAS NIÑAS DE SU EDAD. AUN-QUE... TAMPOCO ME EXTRAÑA, SABIENDO QUIÉN ES SU MADRE...
PERO VIEJITA MÍA... ¡SI TÚ ERES CIEN MIL VECES MÁS GUAPA...!
¡¡TE LA ESTÁS GANANDO, GORDI! ¡¿PRIMERO LA MADRE Y AHORA EL HIJO!? ¡¡ESTÁS HECHO UN PICAFLOR!!
¿¡¡QUÉ ME HAS LLAMADO!!?

CAPÍTULO 6
FAMILY

BLEEEERGH...
SPLACH
BLEHH
... ERES... ¡LO PEOR...!
¡¡FUERA!!
¿QUÉ? ¿¡TÚ TAMBIÉN LE VOMITASTE...!?
Y ENCIMA, ¿¡¡ANTES DE HACERLO!!?
... SÍ..., ME PASÓ IGUAL QUE A TI. SENTÍA COMO SI ALGO NO ENCAJARA...
CHIQUI, PERO LO TUYO YA ES *DEMASIÉ*.
POBRE FUJII, VAYA FAENA LE HE HECHO...
¡¡CÓMO!!? ¿FUJII, DICES? ¿¡ESTÁS HABLANDO DE FUJII, MI EX!?
¿¡TU EX!? SI DIJO QUE... ¡ERA SU PRIMERA VEZ...!
... ...
... QUÉ MIEDITO...
¡¡LOS CHICOS SON LO PEOR!! ¡¡AHORA ME GUSTAN LAS CHICAS!!
¿¡Quieres salir conmigo!?

MISHIMA, ES... MI PRIMERA VEZ, ASÍ QUE...
... TEN CUIDADO CONMIGO, ¿VALE?
Y... TOMA.
¿... MISHIMA?
PAF

Mi mundo...
... DESNÚDATE TÚ TAMBIÉN, ¿NO?
AH... CLA-... CLARO.

¿EH?
¡Un momento, un momentooo! ¿¡¡Qué está pasando aquí!!?
¡¡Esto va demasiado rápido!!
AH, AUNQUE...
... ME SIENTO MUY A GUSTO...

¿EH...?
ANDA, ENTRA Y TE SIRVO UN TÉ.
¿CÓMO!? TRAN-QUILA, NO HACE FALTA QUE...
Va a topísimo...
¿Y POR QUÉ NO? VENGA, SI UN TÉ NO ES NADA.
MI HABITACIÓN ES LA PRIMERA AL SUBIR LAS ESCALERAS. VE TÚ, QUE AHORA SUBO.
En cuanto tenga listo el té
MU-... MUCHAS GRA-CIAS.
CUAL-QUIERA SE NIEGA.
AY, DIOS...
CUÁNTO BRILLO...
P-POR CIER-TO... ¿DÓNDE ESTÁN TUS PADRES?
Un... Un osito
PAPI Y MAMI TRABAJAN Y NO VUELVEN HASTA LA NOCHE.
ASÍ QUE... NO HAY PRISA.

¿¡Cómooo!? Pero... ¿¡qué está pasando aquí!? ¡La tía va directa al grano!
¡CHA-N!
Esta chica... ¡sabe que es mona y está dispuesta a usarlo a su favor!
AUN ASÍ...
"Mi mundo dará un giro de ciento ochenta grados".
VA-
... VALE.
¡Hala...! Qué suave...
Y qué blandita.
¡VIVA! ♡ QUÉ ALEGRÍA ♡ ENTONCES, ¡HOY ME ACOMPAÑAS A CASA! ¿SÍ? ¿¡SÍ!?
PUES..., ¡AQUÍ VIVO YO! ♥

UY, ¡QUÉ DICES! MUCHAS GRACIAS ♡
Pero por muy guapa que seas...
a mí no me ganas, bonita.
SIEMPRE HE PENSADO QUE ERA LA ÚNICA QUE ESTABA A MI NIVEL.
MISHIMA, HACE POCO QUE TE HAS CORTADO EL PELO, ¿VERDAD?
TE QUEDA DE FÁBULA. ¡NO TE QUITO OJO DE ENCIMA DESDE ENTONCES! ANTES ES QUE... BUENO, PARECÍAS LA SADAKO ESA DE LA PELI Y DABAS UN POCO DE GRIMA, LA VERDAD.
CÓMO QUE SADA-... ESO HA ESTADO FEO.
NO SÉ SI ES TONTA O SE LO HACE.
PERO...
LOS CHICOS MUY MASCULINOS ES QUE... NO SON LO MÍO.
... qué mona es.
¡Qué pestañas tan largas!
TÚ MÁS BIEN PARECES UNA CHICA.
¿Um? ¡Si lleva rímel! Pero en las de abajo... nena, te has dejado grumos.
Y EL LÁPIZ DE LABIOS... ESE PERLADO LA HACE MÁS VIEJA, YO LE PONDRÍA OTRO UN POCO MÁS...
OYE, MISHIMA, ¿ME ESTÁS ESCUCHANDO?
AH, SÍ, ¡TE ESCUCHO!
ENTONCES, ¿QUIERES SALIR CONMIGO?

...
UNA CAR-... ¿UNA CARTA DE AMOR...?
O eso parece...
...
¡¡... OH!!
EM... ¿DE VERAS HAS SIDO TÚ, FUJI QUIEN ME HA MANDADO ESTA... CART DE AMOR?
Te espero después de clase detrás del gimnasio♥
CREÍA QUE ERA UNA BROMA PESADA...
¿EH? ¡PUES CLARO! ¿CREÍAS QUE ERA OTRA COSA?
AY, ME ALEGRA QUE SEPAS QUIEN SOY♥
EH... BUENO...
TODO EL MUNDO CONOCE A FUJII DEL B, LA CHICA MÁS GUAPA DEL INSTI...
Hala...
GRACIAS POR VENIR ♥

¿¡CÓMO!? KIRINO, TÚ... ¿¡TE HAS ACOSTADO CON UNA CHICA!?
SÍ, PERO ENTRE LA CHICA Y ÉL HABÍA UN ABISMO, ASÍ QUE NO VEAS CÓMO ME COSTÓ...
N-... NO ME REFERÍA A ESO...
¿EH? AH, YA.
SÍ, CON UNA CHICA CON LA QUE ESTUVE SALIENDO, PERO FUE POCO TIEMPO.
POR AQUEL ENTONCES, ESTABA CONVENCIDA DE QUE ME GUSTABA.
¡¡Anda!! ¡¡Resulta que soy normal!! ¡Seguro que, si me acuesto con ella, mi mundo dará un giro de ciento ochenta grados!
... Pero pasó justo al contrario. Sólo me convencí de que era gay...
HASTA VOMITÉ
DESPUÉS DE QUE LO HICIÉRAMOS...
...
EN REALIDAD, LO QUE ME DIO ASCO NO FUE EL ACTO EN SÍ, SINO ESA SENSACIÓN EXTRAÑA, DE QUE ALGO NO ENCAJABA... COMO ES LÓGICO, LA HERÍ Y CORTAMOS.
CREÍA QUE ERA ELLA QUIEN ME GUSTABA, PERO LO QUE ME GUSTABA ERA SU CARA.
AHORA LO PIENSO Y... ERA LA CARA DE LA CHICA QUE ME GUSTARÍA SER...
... ENTIENDO...

¡DIOS...! ¡MIRA QUÉ CULITO MÁS *SEXY*! ♡
Uf, tan prieto... y... tan rellenito... y...
¡OYE...! CON LO MODOSITA QUE PARECES, ¡Y MENUDA GUARRA ESTÁS HECHA!
¿GUARRA, YO...?
¿TÚ CREES?
BUENO, ES CIERTO QUE PIENSO EN ÉL CUANDO ME LA...
¡¿CÓ-MO-OOO!? ¡¿PERO QUÉ DICES, TÍA!?
¡¿EN EL PROFESOR EDOGAWA!? ¡¿CUANDO TE LA...!? ¡¿CUANDO TE QUÉ!? ¡¿LA QUÉ!?
UY, ¿TÚ NUNCA LO HAS HECHO PENSANDO EN ÉL, KIRINO?
¡¡CLARO QUE N-...!!
...
...
...
... SÍ QUE LO HE HECHO...
Y UN MONTÓN DE VECES, ADEMÁS...
HASTA EL PUNTO EN QUE YA, SI NO ME LO IMAGINO, NO...
...
HUBO UNA VEZ QUE ME LO MONTÉ CON UNA CHICA,
PERO CERRÉ LOS OJOS Y ESTUVE PENSANDO EN ÉL TODO EL RATO...
UY, UY...
...

UM... M.
PARECEN PATAS DE ARAÑA...
PORQUE TE HAS PASADO TRES PUEBLOS.
Vaya cuadro...
¡Y QUÉ QUIERES QUE LE HAGA! ¡¡SI LAS POCAS PESTAÑAS QUE TENGO SON CORTÍSIMAS!!
¡¡AHORA YO!!
¿TÚ PARA QUÉ VAS A PONERTE, SI YA TIENES UNAS PESTAÑACAS QUE...?
TÍA ♥ EL PROFESOR EDOGAWA ♥
¡QUÉ!
UY, SON LOS DEL B.
VA A JUGAR CON ELLOS AL BALÓN PRISIONERO... QUÉ ENVIDIA...
AYSH...♥

"¿por qué te casaste conmigo?"
¡TACHÁN!
RÍ-MEL ♥
¡¡OSTRAAAS!! ¡¡SIEMPRE HABÍA QUERIDO PROBARLO!! ¿¡DE DÓNDE LO HAS SACADO!?
JU, JU ♡
SE LO HE COGIDO A MI MADRE DEL TOCA-DOR ♡
¡QUÉ ENVIDIA ME DAS! MI MADRE NUNCA HA TENIDO...
Es de las que van con la cara lava-da... aunque de joven se pintaba como una puerta...
¡¡DÉJAMELO, DÉJAMELO!!
QUITA, GUAPA, ¡¡YO PRIMERA!!

¡¡PROFESOR YANAGIDA, POR FIN LE ENCONTRAMOS!!
¡HOY, EN CLASE DE COCINA, NOS TOCABA HACER MAGDALENAS!
OH, ¡QUÉ MARAVILLA! ¡SON IGUALES QUE LAS DE TIENDA!
¡QUÉ VA, ESTAS ESTÁN TODAVÍA MÁS RICAS! PRUEBE UNA.
"Vengo de solicitar el divorcio".
"..."
"Lo siento".
"... ¿Por qué te disculpas?"
"Ahora me lo explico todo, ya no me extraña que fueras tan soso en la cama".
"Cómo me alegro de que no hayamos tenido hijos".
"Dime,"

¡HABLA!
¿NO ME VAS A PONER NINGUNA EXCUSA!?
ALGO TIPO: "ME TOCARON EN UNA TÓMBOLA" O "UN AMIGO ME LOS DEJÓ A VER SI ME ENGANCHABA" O...
...
NO TIENES NINGUNA, ¿VERDAD?
¡¡ERES UN ENFERMO!!

SHINY BOY
LOS CHICOS SE VAN DE VACACIONES
¿QUÉ SIGNIFICA ESTO?

CAPÍTULO 5
ESENCIA DE MUJER

MI-...
OYE, YUMENO,
¿YO A TI TE GUSTO?
¡CÓM-...!
CLANC
¿¡¡QUÉ DICES!!? ¡¡QUÍTAME ESAS SUCIAS MANOS DE ENCIMA, MARICASHIMA!!
CLONC
¡¡AY, QUE DUELE!!

¡¡QUITA DE EN MEDIO, VAGO!! QUE TÚ TE VAS A TU CASA, PERO YO TENGO EL CLUB DE FÚTBOL...
POM
CLANC
Tap tap tap
¡¡AY!!
AH.
QUE DUELE.
PER-DO-...
"Te juro que a Yumeno le molas".

ESA SONRISA QUE TIENE, TAN FORZADA, ¡ME DA UN REPELÚS!
Tutum
ADEMÁS, ALGO ME DICE QUE ÉL...
...
QUE ÉL...
¿QUÉ?
... NO, NADA.
DE ESTA CORAZONADA NO ESTOY MUY SEGURA.
AY... ¿¡SABES!? EL OTRO DÍA EN EL ENTRENAMIENTO DE POR LA MAÑANA, EL PROFESOR EDOGAWA..., ¡UY, ESTO ES MUY FUERTE!
QUÉ, ¿¡QUÉ!?
PUES QUE SE LEVANTÓ TARDE O ALGO, Y COMO ESTABA MEDIO DORMIDO, ¡VINO SIN LOS PANTALONES DEL CHÁNDAL!
¡QUÉ DICES!
LO QUE TE CUENTO. Y LLEVABA CALZONCILLOS CON ESTAMPADO DE...
¡Es tan, tan divertido! ¡Casi no me lo creo!
... Aunque...

¡PUES ESO, QUE TE JURO QUE TÚ A YUMENO LE MOLAS, TÍA!
¿¡QUÉ!? ¿OTRA VEZ CON ESO...?
¡POR DIOS, QUÉ HORROR! SI ES UN BRUTO..., ¡Y VAYA LENGUA QUE TIENE!
BUENO, ENTONCES, ¿A TI QUÉ CHICOS TE GUSTAN?
¿EH? PUES... PUES A MÍ...
NO SÉ, MI HOMBRE IDEAL SIGUE SIENDO MI PRIMER AMOR: UN PROFE QUE TUVE EN PRIMARIA...
ALGUIEN MADURO, MUY MACHO, MUSCU-LOSO, VELLUDO, ¡PERO DE MENTE ABIERTA, ESO SÍ! AUNQUE, AL MISMO TIEMPO, CON LA INOCENCIA DE UN NIÑO PEQUEÑO...
¡QUÉ! UN MO-MENTITO, GUAPA...,
¡¡¡... PERO SI ESE ES EL PROFESOR EDOGAWA!!!
AYYY... ¡SÍ! ¿¡A TI TAM-BIÉN TE LO PARECE!?
¡EL PROFESOR EDOGAWA ES TOTALMENTE MI TIPO!
¡NO FAS-TIDIES! ¡¡EL MÍO TAMBIÉN!!
¿QUÉ? ¿EN SERIO?
¡¡DE VERDAD DE LA BUENA!!
AUNQUE, DE TODOS LOS PROFESORES, EL QUE MÁS TRIUNFA ENTRE LAS CHICAS ES EL DE SOCIA-LES, YANAGIDA.
PERO A MÍ... NO ME GUSTA UN PELO.

ES VERDAD...
TIENES... TODA LA RAZÓN. TÚ Y YO... NOSOTRAS SOLAS...
"NOSOTRAS".
NOSOTRAS.
¡¡NOSOTRAS!!
¡¡NOSOTRAS, TÍA!!
¡¡SÍ, TÍA, NOSO-TRAS!!
¡¡JA, JA, JA!! ¡¡ASÍ, ASÍ!!
... VALE, ¿Y QUÉ DECÍAS...?
Ay, socorro, no sé qué hago, pero...
¡... esto es genial!

ES QUE, TE LO JURO, TÍA.
¡¡TE APUESTO LO QUE QUIERAS A QUE YUMENO ESTÁ POR TI!!
ANDA YA,
¡Y EN SERIO TE DIGO QUE ESTÁS LOCA!
LOC-... ¡QUÉ VOY A ESTAR LOCO! ¡A MÍ LA INTUICIÓN NUNCA ME FALLA!
...
OYE, KIRINO, AQUÍ EN LA AZOTEA PUEDES HABLAR DE TI Y DE MÍ EN FEMENINO O COMO PREFIERAS.
ES DECIR, EXPRÉSATE COMO TE SALGA. SÉ TÚ.
CASI NUNCA SUBE NADIE,
ASÍ QUE QUEDARÁ ENTRE NOSOTROS.

¿VALE?
EM, PERO...
... N-NO IMPORTA. TODAVÍA ES DE DÍA.
ADEMÁS...
ZUS~
A-ADEMÁS...
ÑUG...
HE VENIDO EN BICI-CLETA.
AH..., YA.

BRAVO. BUEN TRABAJO.
M-MUCHAS GRACIAS.
CON SU PERMISO... ME VOY.
MISHIMA,
¿QUIERES QUE TE LLEVE A CASA?
¿EH?
SE HA HECHO TARDE
Y YO TAMBIÉN ME IBA A IR YA.

LISTO, SIGUE DONDE LO DEJASTE.
DEPARTAMENTO DE CIENCIAS SOCIALES
TIENES MEDIA HORA, ¿VALE?
¿QUÉ TAL? ¿TE EN-CUENTRAS MEJOR?
SÍ.
BIEN. PUES EMPIEZA.

KIRINO, TÍO, ¿ADÓNDE FUISTE EN EL RECREO?
A NINGÚN SITIO EN CONCRETO.
... MISHIMA... TAMPOCO ESTABA...
¿QUIÉN? ¿MISHIMA?
¿Y ESO QUÉ TIENE QUE VER CONMIGO?
... PUES QUE... NO SÉ... IGUAL...,
ESTABAIS LOS DOS...
... NO, NADA.

TÚ A YUMENO LE GUSTAS.
¿CÓ-MOOO?
¡NI HABLAR! PERO SI ES QUIEN PEOR SE PORTA CONMIGO...
POR ESO MISMO, CARIÑO. ES EL TÍPICO TÍO QUE SE PONE A CHINCHARTE PORQUE NO SABE QUÉ HACER PARA QUE TE FIJES EN ÉL.
UF, NO SÉ...
AH, PUES...
... AHORA QUE LO DICES,
MÁS BIEN TENÍA LA IMPRESIÓN DE QUE YO TE GUSTABA A TI.
NENA, NO ME LO PUEDO CREER,
¿TAN CORTITA ERES?

¿DÓNDE SE HABRÁ METIDO KIRINO?
ÚLTIMAMENTE NO SE LE VE EL PELO.
LE HABRÁ VUELTO A LLAMAR UNA CHICA O ALGO POR EL ESTILO.
El tío se las trae de calle.
... MISHIMA TAMPOCO ESTÁ.
¿... SERÁ QUE...?
AH, AHORA QUE LO MENCIONAS, ES CIERTO.
FUE YUMENO.
Y ESO QUE ÉL FUE TAMBIÉN QUIEN DIJO QUE ME IBAIS A DEJAR COMO UNA BOLA DE BILLAR.
ESCUCHA...,
NO ES MÁS QUE UNA CORAZONADA, PERO DIRÍA QUE...

NO SÉ SI TANTO COMO APOSTA...
PERO..., A VECES ME PASA CONTIGO QUE, DE REPENTE, ME EN-TRAN... COMO GANAS DE PROTEGERTE.
Y ESO QUE TE ODIO A MUERTE.
ES RARO.
DE TODAS FORMAS, CON LO CUQUI QUE ERES, DEJARTE CALVA...
PUES... COMO QUE NO PEGA.
...
ES QUE TU CARA ES TAN MONA,
TUS RASGOS, TAN FINOS...,
AH,
AUNQUE,
FUE OTRO QUIEN DECIDIÓ QUE NO TE DEJARÍAMOS CALVA..., DIGO, CALVO.
EN SERIO...
... QUE NO SÉ POR QUÉ SERÁ.
... QUE CADA VEZ QUE LA VEO, ME LLEVAN LOS DEMONIOS.
¡IIIGH!

¿A QUÉ VIENE ESTO...?
¡GUAU, ESPEC-TACULAR!
¡QUÉ LUJO!
TU MADRE ES UNA SEÑORA DE NIVEL.
AY, TÍA...
DIGO... TÍO..., ALGU-NAS COSAS LAS HE HECHO YO. ESTO, POR EJEMPLO... ¿QUIERES?
UY, ¡QUÉ DICES!
DA PENA COMÉRSELO. ES TAN MONO.
JU, JU.
¿?
KIRINO, TIENES MU-CHO ARTE.
... AH.
OYE, TE QUERÍA PREGUNTAR UNA COSA.
LO DE MI PELO... ¿LO HICISTE APOSTA?
Creía que me ibais a rapar.
...

¿CÓMO?
¿QUÉ DICES, TÍO?
¿CÓMO QUE LO DEJAS?
ME ABURRE.
¿¡QUÉ!?
¡¡PERO SI FUISTE TÚ QUIEN EMPEZÓ!!
DECÍAS QUE MISHIMA TE DABA ASCO POR SER TAN MARICA...
...
CLANC...
TIENE RAZÓN, *TÍOSSS.* MISHIMA NUNCA LA ARMA, NORMAL QUE SEA UN ROLLO.
YA VES.
ES MÁS COSTUMBRE QUE OTRA COSA.
SEGUID SIN MÍ SI QUERÉIS.
YO ME LARGO.
YO TAMBIÉN PASO.
Y YO.
EY... EY, EY, COLEGAS... ¿¡EN SERIO!? ¿¡VOSOTROS TAMBIÉN!?

CAPÍTULO 4
PARAÍSO PARA DOS

...
...
... DÉJAMELO.
ASÍ.
...
LO SIENTO...

RAC...
He salido. Vuelvo enseguida. La enfermera
¿MISHIMA...?
¿QUÉ TAL ESTÁS? SI TODAVÍA TE ENCUENTRAS MAL,
PUEDO LLEVARTE A CASA.
¿MISHIMA?
SILENCIO
...
¿?
¿MISHIMA? VOY A ABRIR, ¿VALE?
SHA
Lávate las manos
Jrrr
...
¿Ein?

¿¡QUÉ OS HE HECHO!? ¡¡SÓLO PIDO QUE ME DEJÉIS EN PAZ!!
¡¡AL MENOS TÚ DEBERÍAS ENTENDERLO!!
¡¡APENAS RESPIRO PARA QUE NO ME ATOSIGUÉIS!! ¡¡SOY UN MUERTO EN VIDA!! ¡¡PERO A VOSOTROS NO OS BASTA Y SEGUÍS ASFIXIÁNDOME!! ¿¡NO VEIS QUE ME AHOGO!!?
...
¿¡QUÉ CULPA TENGO YO DE SER MÁS MONA QUE CUALQUIER CHICA Y TENER UN TIPITO DIVINO A LO BLANCANIEVES!!?
YAGH
¿PERDONAAA...? NO TE PASES, QUE TAMPOCO ES PARA TANTO, EH, GUAPA.... DIGO... ¡TÍO, JODER!
¿Buscas pelea o qué?
... SIEMPRE HE SIDO ASÍ, INCLUSO ANTES DE DARME CUENTA... NO LO PUEDO EVITAR...
¿A TI... NO TE PASA...?
...
...
Arf arf arf
... YO TAMBIÉN
ERA ASÍ ANTES DE DARME CUENTA.

Uf uf
¿... PAN-... DORA? ¿QUIÉN?
... SÉ QUE TE HAS DADO CUENTA.
... TÚ... Y YO...
TENEMOS... TENEMOS LOS MISMOS OJOS... TÚ Y YO...
... SABEMOS LO QUE SOMOS.
¿¡¡POR QUÉ!!?
¿¡¡POR QUÉ TUVISTE QUE CAER EN MI CLASE!!?
¿¡¡QUE ENTRAR EN MI VIDA!!?
¿¡¡POR QUÉ EXISTES!!?
¡JE...!
PARA COLMO, TIENES ESA CARITA TAN MONA, COMO DE CHICA.
Y ESE CUERPO TAN DELICADO, CON ESA PIEL BLANCA Y FINA, QUE NI PARECE DE HOMBRE. ¡NO TE FASTIDIA!
¡JE, JE!
¡¡Y YO QUÉ QUIERES QUE LE HAGA!!
¿AH?

T-TÍO..., CUANDO TE VEO...,
LA CAJA... LA CAJA QUE HAY DENTRO DE MÍ... LA C-CAJA DE PANDORA..., TÍA...,
PA

¡¡YAAAAAA-AAAAARGH!!
¿¡Quéeee-eeee!?
T-T-TÍA... ¡TÍO, TÍO...! ¿¡C-C-CUÁNTO TIEMPO LLEVAS AHÍ!? ¿¡¡ME HAS VISTO!!?
S-... SÍ...
PER-... PERDONA... EM..., ¿QUÉ...? ¿EH...?
Fros fros fros
DIOS... T- ... TE ODIO... TE ODIO A MUERTE. ¡TE ODIO!
BRR BRR BRR
T-TENÍAS QUE SER TÚ, TÍA... ¡TÍO!
T-TENÍAS QUE SER TÚ..., JUSTO AHORA...,
CON RAZÓN NO TE SOPORTO... ¡TE ODIO, TÍA!

¿... gus-...?
¡¡CÓMOOO!?
¡Os-tras!
PAF
ICK
... Y-...
¿... Y-?

Así que... lo encontró Kirino...
EH.
PERO
¿PARA QUÉ... POR QUÉ...?
Plop
¿¡QUÉ NARICES VA A HACER CON ÉL!?
ÑIC
... Ah.
¡¡Ya sé!! Eso es...
¡¡... un beso indirecto!!
¿¡¡Un beso indirecto!!?
¿No me digas que yo le...?
¿¡¡!!?

Flip
Ros ros
ICK
¿...?
AY, DIOS... CÓMO LE DÉ POR ARRANCAR-SE PELOS DE LA NARIZ, A VER QUÉ HAGO.
ZUM
Ros ros
Mi pinta-... Digo, ¡el pintalabios de mi madre!
Y eso que creía haberlo perdido...
OH

QUÉ RARO, HA SUBIDO ALGUIEN...
¡PUAGH!

NO HAY NADIE...
Vacío
¿SE HABRÁ IDO SIN QUE ME DIERA CUENTA?
¡AYSH....!
QUÉ BIEN SE ESTÁ AL FRESCO.
SI ES QUE... NO HAY MEJOR SITIO QUE ESTE.
AQUÍ NADIE VENDRÁ A MOLESTARME....
Y si vienen, no me verán.
PERO... UF, JUSTO ES LA HORA DEL RECREO... Y LA COMIDA... BUENO, QUÉ SE LE VA A HACER.
Bis bis
Bis... bis
NO HAY GANAS DE PASAR POR CLASE... EN REALIDAD, ME SIGO ENCONTRANDO UN POCO MAL...
Esos niñatos me chupan las fuerzas...
POR EL CULO
ROTULADOR
¡TIENE NARICES! ¡¡HAN ESTADO A PUNTO DE DESVIRGARME CON UN ROTULADOR...!!
Brr brr brr
¿... MN?
CLANC

¿ME DEJA... IRME A LA ENFERMERÍA...?
MIRA A MISHIMA, ¡*ESSSE SSSE* HA PILLADO UN TRANCAZO POR LO DE AYER!
¡JE!
¿¡Y A MÍ QUÉ ME CUENTAS!? ¡QUE SE JODA!
...
MISHIMA, CHICO, ¿QUÉ TAL TE ENCUENTRAS? YA ES LA HORA DEL RECREO, SI QUIERES COMER AL-...
DING DONG DANG DONG
UY.

OYE, TIENES MUY MALA CARA.
¿ESTÁS BIEN?
¿PUEDES SEGUIR CON EL EXAMEN?
... ESTOY... BIEN...
VALE.
... AH...,
MEJOR PENSADO...,

P-... ¿¡PERO TÚ ESTÁS GILIPOLLAS!? ¿¡CÓMO SE TE OCURRE!?
¡Ey, ey!
Tíosss, tampoco es para tanto.
OISH, POR DIOS, NO ME LO... ¡¡NO ME LO PUEDO CREER, JODER, TÍO!!
QUÉ.
¿CÓMO?
¡SOISSS UNOS CAGAOS! ¡PERO SI NOS ÍBAMOSSS A REÍR UN HUEVO! ¿¡POR QUÉ NO!?
AGUA-FIES-TASSS
Buh
...
... P-PUES PORQUE... ¡¡PORQUE NO QUIERO VER ESA PUTA MIERDA ASQUEROSA!!
AHÍ TE HAS PASADO...

Arf arf
¿¡QUÉ TE PASA, MARICASHIMA!? ¡¡DAS PENA!!
¡¡SÓLO HAS AGUANTADO 2 MINUTOS Y 28 SEGUNDOS!!
VENGA, MARICASHIMA, LEVANTA. ¡¡OTRA VEZ!!
ÑUG
¡IIIGH!
¡AH! ¡¡ES-CUCHAD, *CHICOSSS*!!
Aquí aquí
¡SE ME ACABA DE OCURRIR UNA *SSSU-PERBUENA* IDEA!
LO DE-JAMOS EN *PELO-TASSS*...
ROTULADOR
¡Y LE METEMOS *ESSSTO* POR EL CULO!

CAPÍTULO 3
LA CAJA DE PANDORA

....
... ...
... ...
ÑIG ÑIG ÑIG
...
...
ÑIG ÑIG ÑIG
BUENO, YO... ME VOY YA...
Plim
TOC
ROCO ROCO ROCO ROCO ROCO...
TOC...
...
Flop flop...
Cuando llegué y me di cuenta de que no llevaba el pintalabios en el bolsillo del pantalón, me puse todavía peor.
"Ojalá pudiera envolveros en un saco, meteros en una caja, y cerrarla para siempre con llave"
¿Qué habré hecho yo para que me deseen algo así?
De vuelta a casa, me sentía fatal.
Más que por que unos energú-menos quisieran pegarme cuando vieron que era un chico, por lo que dijo Kirino.
LO SIENTO, MAMI...

¡¡ODIO A LOS MARICAS COMO TÚ!! ¡¡EN CUANTO OS VEO, VOMITO!!
¡¡SOIS LO QUE MÁS DETESTO EN ESTE MUNDO!! ¡¡SOIS UNA MIERDA!! ¡¡BASURA!! ¡¡ESCORIA!!
... YA ME HE ENTERADO.
No es la primera vez que me lo dices...
... OS ODIO TANTO QUE OJALÁ... OJALÁ ENVOLVEROS EN UN SACO, METEROS EN UNA CAJA, Y CERRARLA PARA SIEMPRE CON LLAVE...
SHAF...
PAF
ROS ROS
TOALLITAS DESINFECTANTES
Limpio y reluciente

¿QUÉ ES ESO? TIENES LA BOCA COMO... PINTADA O ALGO.
ÑUG
¡¡... AH!!
¡JA! ¿POR QUÉ TE LO QUITAS?
¡SI TE FAVORECE!
COMO EL MARICÓN QUE ERES.
...
EM... MIRA, MISHIMA, TE LO ADVIERTO.
NO VAYAS A PENSAR LO QUE NO ES.
¡QUE NO ES ESO, JODER!

ÑIC
BAJA.
YA ESTAMOS LEJOS, LOS HEMOS PERDIDO DE VISTA.
... TSK.
NO TENDRÍA POR QUÉ HABERME METIDO.
...
GRACIAS
POR... HABERME SALVADO.
¿HABRÍAS PRE-FERIDO QUE NO LO HICIERA?
¿EH?
... SÍ QUE...
PARECÍA COMO SI, EN REALIDAD, NO LO ESTUVIERAS PASANDO TAN MAL.
... LO ESTABA PASANDO MAL...

¿E-EN SERIO, TRONCO? ¡SERÁS MAMÓN, NOS HAS TANGAO!
¡MENUDA MIERDA VACA!
¿¡QUÉ!?
Yo no he tangao a nadie...
¡APRIETA BIEN LOS DIENTES PORQUE TE VOY A ARREGLAR LA CARA, JULAY!
¡Me las vas a pagar toas juntas!
Pero que yo no he hecho nada.
ARF
¡IIIII-GH!
¡SUBE, MISHIMA!
¡RÁPIDO!
ZAS
¡Ah! ¡Cabrones!

¡¡VAMOS, CHATI!! ¡¡MONTA EN NUESTRO BUGA!!
...
¡¡UN RATITO NADA MÁS!! ¡¡VENGA, TE LO PROMETO!!
DE VERAS QUE NO PUEDO... TENGO QUE IRME A HACER LA CENA...
AUNQUE... MENUDOS PLASTAS.
ENTONCES, ¡HABRÁ QUE RAPTARTE!
¡QUÉ! ¡UN MOM-...!
¡¡OYE, FUTOSHI!!
¿UH?
¿QUÉ HACES AQUÍ PERDIENDO EL TIEMPO? DEBERÍAS ESTAR EN CASA ESTUDIANDO.
¿¡!?
¿CÓMO...? ¿FUTO-...?
¿QUÉ PASA, TÍOS? ¿QUERÉIS ALGO CON MI AMIGO?
A-... ¿¡AMI-GOOO!?

ZUSKI
¡¡UGH!! ♡
Qué... Mo-nad-...
¡VENGA, CHATI, PORFAAA! ♡ ¡DI QUE SÍ! ♡
Uy
Tiki tiki
¡VAMOS, MONTA! QUE TE DAREMOS UN BUEN GARBEO ♡
JUA JA JA JA JA JA
¡¡¡Tengo a unos tíos babeando por mí!!! ¡¡¡Les falta ponerse de rodillas...!!!
¡¡Es increíble, me siento genial!! ¡¡Soy tan, tan, tan feliz!!
FLIP FLIP ♪
...
SHA
¿Mishima?

UH JU JU JU JU...
¡AYYY! AHORA..., ¡ES TAN *DÍVER*!
TIKI
TIKI
ME ENTRAN GANAS DE DEJÁRMELO TODO EL CAMINO HASTA EL PUEBLO.
BROMMM
TIKI TIKI
QUÉ CONTENTA ESTÁS, ¿EH, CHATI? ¿DE DÓNDE VIENES?
ARGH
LA LECHE..., ¡VAYA BOLLITO!
¡¡ME *CAGÜEN*...!! SI ES UN PIBÓN.
¿BOLLITO...?
¿PIBÓN...?
AH.
¡PUES CLARO...!
NOSOTROS SOMOS DE CIUDAD. NO ME ESPERABA QUE AQUÍ, EN MEDIO DE LA NADA, HUBIERA ESTAS BELLEZAS.
¿NO QUIERES QUE TE DEMOS UN PASEÍTO? VENGA, CHATI, DI QUE SÍ.
...
¡JI!

SE LA DEVOLVERÉ LUEGO SIN QUE ME VEA.
Flip
flap
...
¡LA-LARÁ!

UY...
¡QUÉ COSA MÁS RARA!
¿QUÉ PASA?
NO, NADA. QUE CREÍ HABER DEJADO POR AQUÍ UNA BARRA DE LABIOS ROSA, PERO NO APARECE.
¡AH!
¡¡OLVIDÉ PONERLA EN SU SITIO...!!
BUENO, ¡QUÉ MÁS DA! LA ESTRENÉ, PERO NO HABÍA VUELTO A LLEVAR-LA PORQUE PAREZCO UNA MAMARRACHA.
Plof
LO SIENTO, MAMI...
Aunque la semana que viene tengo quedada con las *compis* (las moteras).
Y pensé que sería un puntazo ir con los labios pintados de rosa, a ver si así se animaba el cotarro.
¿Un puntazo por qué?
¡AH! OYE, FUTOSHI. PERDONA, PERO CUANDO TERMINES, ¿TE IMPORTA-RÍA ACERCARTE A LA FE-RRETERÍA DE LOS YAMANO Y COMPRARME UNAS PILAS?
CLARO QUE NO.
GRACIAS, CARIÑO. Y LO SIENTO.
Es que no me quiero perder la novela y empieza ahora a las cuatro.
TRANQUILA..., APROVECHA QUE HOY NO TRABAJAS PARA TUMBARTE AHÍ Y DESCANSAR TODA LA TARDE.

"Qué monada."
¡CLARO QUE SOY UNA MONADA!

A ESTE CHICO VA A HABER QUE LAVARLE LA BOCA CON JABÓN, SIEMPRE IGUAL.
MISHIMA, ¿TE HAS CORTADO EL PELO? QUÉ MONADA.
TE FAVORECE.

¡MISHIMA! ¡DEJA DE MIRARNOS JUGAR AL FUTBOL CON ESA CARA DE SALIDO!
NO OS ESTABA MIRANDO.
¿¡CÓMO!? ¡¡¡NO ME VENGAS CON TROLAS, MARICA-SHIMA!!!
Plop
NO ES NINGUNA TROLA... Y QUE ME ESTUVIERA IMAGINANDO CÓMO HUNDÍA LA CARA EN EL PECHOTE VELLUDO DEL PROFESOR EDOGAWA MIENTRAS JADEABA VIOLENTAMENTE...
Arf arf
... TAMPOCO ES CIERTO... ¡PARA NADA!
¿I... Me escuchas!? ¿¡¡Oyes lo que te digo, Marica-shima!!?
¿?
ZAPE ZAPE
¡YUMENO! ¿¡SE PUEDE SABER QUÉ HACES DANDO ESAS VOCES!?
¡AH! MIERDA, EL YANAGIDA.

PUES CON ESOS OJOS, FIJO QUE ESTÁ MUERTO POR DENTRO.
JUA JA JA JA
¡¡Hombre, Kirino!!
¡¡Te veo en buena forma!
AH.
... EL PROFESOR EDOGAWA...
CLANGGG

PAF
¡OOOH! ¡¡HA VUELTO A MARCAR!! ¡¡KIRINO, ERES MI ÍDOLO!!
AY AY
SH SH
¡GUA-POOO-OOO!
...
KIRINO ES *TANNN* HOMBRE Y *TANNN* MADU-RO. ¡ME PARECE LO MÁS!
SÍ, TÍA. NADIE DIRÍA QUE ES DE NUESTRA EDAD.
¿SABES SI TIENE NOVIA?
...

CAPÍTULO 2
DOMINGO MELANCÓLICO

¿¡CÓMO...!? ¿¡QUÉ SIGNIFICA ESTO...!?
...
INCREÍBLE... ¡ES MONÍSIMO!
CÓMO QUE QUÉ SIGNIFICA, CHAVAL... ¿NO TE VISTE EN EL ESPEJO ANTES DE SALIR?
NO... NO PUEDE SER...

JA JA JA JA JA
JA JA JA JA JA JA
CLAC...
... HO-...
HOLA, MA-... MI.
¡BIENVENIDO A CASA, *BABY*...!
HARAJUKU 原宿
¡ANDA! ¿HAS IDO AL BARBERO?
¡TE QUEDA DE MARAVILLA!
OH.
¿QUÉ?

BUENO, BUENO,
EL RESTO TE LO VAMOS A PERDONAR.
¡UF! MENOS MAL.
¿Eh? ¿Pero no iban a dejarme como una bola de billar...?
NO, AÚN NO HEMOS TERMINADO.
RIS
RAS
ジャッキーン
¡¡¡IIIIGH!!
RIS
RAS
ジャッキーン

BIS... BIS... BIS
ESTÁ FEO QUE LO DIGA YO, PERO SOY MÁS MONA QUE NINGUNA OTRA CHICA DE MI CLASE...
PERO, AY, ¡ESTOS PELOS! OJALÁ TUVIERA ME-CHAS O UN RIZADOR.
Es como si me tomara un tranquilizante.
Soy homosexual
y me gusta vestirme de chica,
pero moriré entre los muros de esta fortaleza sin que nadie nunca llegue a saberlo.
SI SIGUES CORTANDO,
¡¡NO PODRÉ VOLVER A TRAVESTIRME!!

A las tantas de la noche, cuando ella y el universo están en el quinto sueño,
yo me transformo.
Sin que se dé cuenta, cojo una barra de labios que guarda en su tocador.
Trenzas: la permanente de los pobres
...
... QUÉ GUAPA...

CLAC...
¡OH!
¡¡BIENVENIDO A CASA, *BABY*!!
ÑACA
HOLA, MAMI.
¡AH!
¡SERÁS PETARDO! ¡OTRA VEZ TRAES EL UNIFORME COMIDO DE MIERDA!
ES QUE VENGO DE JUGAR AL FÚTBOL CON MIS AMIGOS.
PUES PIENSA UN POCO EN MÍ, QUE SOY LA QUE LAVA, NIÑATO.
Ha sido mi madre, ella sola, quien me ha criado mientras trabajaba en una fábrica y vendía las verduras que cultivaba en un terreno alquilado.
Y eso que, por lo que me ha contado, de joven era la jefa de una banda de moteras.
MÉTETE TÚ PRIMERO AL BAÑO, ANDA.
HOY TE HE HECHO UN GUISITO DE CABALLA AL *MISO* PARA LA CENA☆

VERTE MARIPOSEANDO POR AHÍ CON ESA CARA DE NENA, COMO SI FUERA LO MÁS NORMAL DEL MUNDO, ME PONE ENFERMO.
ODIO QUE EXISTA GENTE COMO TÚ. ¡ME ENTRAN GANAS DE PARTIRTE LA CARA!
¡Y QUE ME MIRES CON ESOS OJOS DE MERLUZA MUERTA TAMPOCO ME HACE NINGUNA GRACIA!
PLAF
¿Y tú, qué?
¿Te has mirado alguna vez en un espejo?
También tienes ojos de merluza muerta.
PUMBA
¡UGH!
PLAF
DIOS, ¡QUÉ PUTO ASCO!
PUMBA
PLAF
¡QUE SE HA PUESTO A HACERLE OJITOS! ¿¡QUÉ ERES!? ¿¡¡MARICA!!?

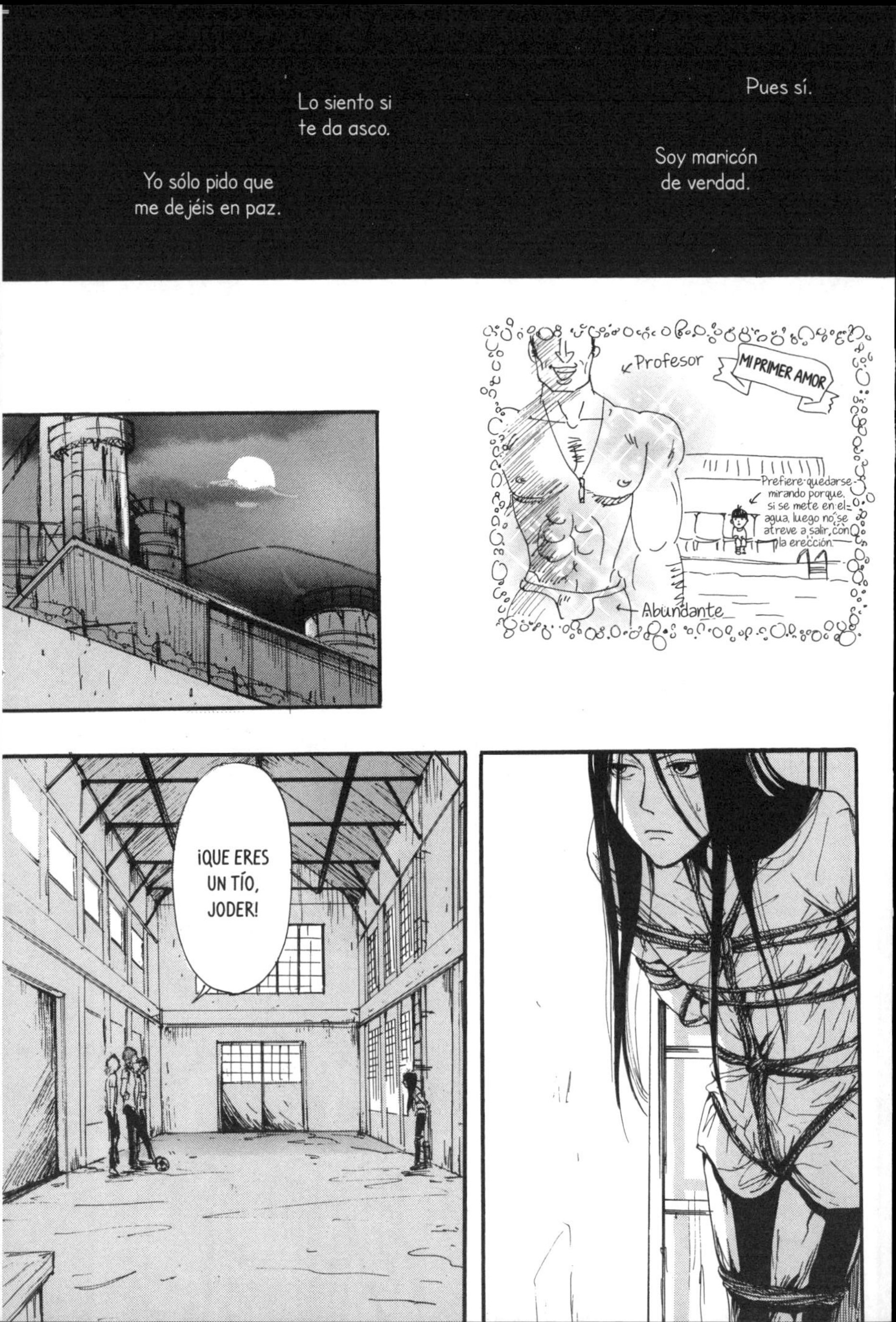
Pues sí.
Soy maricón de verdad.
Lo siento si te da asco.
Yo sólo pido que me dejéis en paz.
MI PRIMER AMOR
Profesor
Prefiere quedarse mirando porque, si se mete en el agua, luego no se atreve a salir, con la erección.
Abundante
¡QUE ERES UN TÍO, JODER!

FLAP
PROFE,
MISHIMA SE HA PUESTO A DESNUDARME CON LA MIRADA Y ME ESTÁ HACIENDO SENTIR INCÓMODO.
¿... QUÉ?
EM... ¿... CÓMO?
JUA JA JA JA JA
POM
... UCK... MENUDA GRIMA...
NO, SI ENCIMA VA A SER MARICÓN DE VERDAD... MIRA QUE HACERLE OJITOS A KIRINO... ¡QUÉ ASCAZO!
QUÉ ASCO
¿Es maricaaa?

MISHIMA, COMO TE PILLEMOS, ¡TE DEJAREMOS LA CABEZA COMO UNA BOLA DE BILLAR!
Y SI NO, ¡TE PON-DREMOS UN UNIFORME DE CHICA!

PAM
... QUÉ.
¡¡CÓMO QUE QUÉ, GREÑAS!!
¡¡EL PRO-FESOR TE ESTÁ LLA-MANDO!! ¡¡NO LO IGNORES, JODER!!
EH.
... AH.
PER-DONE.
MISHIMA, TE PASAS LA CLASE EN LAS NUBES. Y ESO NO PUEDE SER, ¿VALE?
AUNQUE, YUMENO, LLAMAR "GREÑAS" A UN AMIGO TAMPOCO ESTÁ MUY BIEN QUE DIGAMOS.
¡*PUAAAGH*! ¡¡YO NO SOY AMIGO DE ESTE!!
...
ADEMÁS, ¿¡A TI NO TE DAN GRIMA ESTAS GREÑAS!? A VER, ¿¡QUÉ HACE UN TÍO CON ESOS PELOS!? ¡PORQUE A MÍ ME DA PUTO ASCO SÓLO DE VERLO!

Como si a tu alrededor se elevara una fortaleza.
Allá donde poses la vista, montañas, montañas y más montañas.
No tenemos ni las más mínimas instalaciones de recreo. Pero sí cuevas, una fábrica abandonada y ese templo con estatuas de colores que no valen un duro.
Sólo pasa un tren por hora, y tarda treinta minutos en llegar a una ciudad de lo más mustia.
Hay veinte minutos en coche hasta un supermercado donde poder hacer la compra en condiciones.
TRES CUERPOS.
Y EN ESA OTRA TIENE QUE HABER CUATRO... NO, MÁS...
MÁS DE CUATRO CADÁVERES ABANDONADOS. NUNCA LOS LLEGARON A ENCONTRAR... ¿QUÉ TE APUESTAS...?
¡... MISHIMA!
¡¡MISHIMA!!

¡¡SI SIGUES CORTANDO...!!
RISK
ジャキン
PEARL
COSMÉTICOS

¡JIA, JIA,JIA! ¡¡HASTA NUNCA, GREÑAS!!
JODER, TÍO, NO SÉ CÓMO HAS AGUANTA-DO TANTO SIN CORTÁRTELO. ¡¡EN MI VIDA HABÍA VISTO NADA MÁS ASQUEROSO!!
RISK
AAH, NO ME...
NO ME LO CORTES MÁS...
RISK
¡VENGA, HOMBREEE! ¡¡SI TE ESTAMOS AHORRANDO EL DINERO DEL BARBERO!!
¡DEBERÍAS DARNOS LAS GRACIAS! ¡¡FUERA GREÑAS!!
SI SIGUES CORTANDO...

RISK
AAAAH...

CAPÍTULO 1
GREEN SUICIDES